문학공원 시선 225

절실하게

이광용 제4시집

문학공원 시선 225

절실하게

이광용 | 제4시집

깊고 절실한 신앙심과 성 프란치스코의 영성

살아내기 위해 절실하게 해야 하는 거라면
그 절실함을 절실하게 응원하고 싶어진다
포기하는 일도 구하는 일도
다 잘 살아내기 위한 거 아니냐
그렇지 않으냐

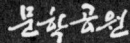

〈시인의 말〉

나를 사랑한다는 당신은

늘 나의 사랑을 목말라하면서
내게 당신이 사랑하는 이들도
같이 사랑해달라 간청합니다
나도 당신의 사랑을 간구하면서
내가 사랑하는 사람도
같이 사랑해달라고 간청하는데
그게 뭐가 대수겠습니까
내가 믿고 의지할 분은
나를 사랑하신다는 당신이
제일 먼저임을 알기에
당신이 믿고 의지할 사람도
내가 제일 먼저임을 압니다
이 믿음이 절실하게 살아있다면
누가 우리 사랑을 질투하고 방해한들
뭐가 걱정이겠습니까?

2023년 초가을

이 광 용

차례

1부
그래서 네가 꽃이구나

절실하게 … 12
그래서 네가 꽃이구나 … 13
벗 … 14
귀가 멀어지면서 … 15
산사(山寺) 풍경 … 16
성전(聖殿) 밖 성전 … 18
장미가 지키는 지성소 … 19
성모 마리아 … 20
생명의 서(書) … 21
2월 … 22
가라지 … 23
하느님이 부르다 … 24
바람개비 … 25
대림시기에는 … 26
성 프란치스코의 꿈 … 27
깃발 … 28
반성 … 29
내가 작아져야 할 때 … 30
추분 … 31
가로수의 질문 … 32
돌담길을 걷다 … 33
밥이 되어라 - 주례사 … 34
신뢰와 기쁨 … 36

2부
왜 시를 쓰냐고 묻거든

외로움의 눈 … 38
사랑의 사이 … 39
꽃병의 연가 … 40
실수해도 괜찮다 … 41
고백 … 42
예쁘다 … 43
아카시아꽃 편지 … 45
오월 … 46
사명(使命) … 48
꽃나무인 걸 잊지 않겠네 … 49
지는 꽃 … 50
불확실한 세상의 끝에서 … 52
버들 … 53
미얀마의 봄을 생각하며 … 54
양말 … 56
왜 시를 쓰냐고 묻거든 … 58
꽃차를 마시며 … 59
예쁜 약속 … 60
우리 사랑했을까 … 61
봄의 새벽 … 62
먼지의 역설(逆說) … 63
새싹 - 봄날의 외침 … 64

차례

3부
별이 빛나는 밤에

봄이 내게로 오다 … 66
십자가의 길 … 67
고해성사 … 68
나팔꽃의 은총 … 69
반 고흐 - 별이 빛나는 밤에 … 70
가난과 부유함 … 71
돌탑 … 72
풀과 꽃 … 74
소금인형 … 75
나무에게 … 76
안부 … 77
비 오는 날 … 78
생각과 믿음 … 80
저물어가는 시간 … 82
봄이 되다 … 84
성 프란치스코 - 작음에 대하여 … 85
성 프란치스코의 理想 … 86
용서 … 87
성찬의 전례 … 88
여름 숲 … 89
기침 … 90
우울한 고백 … 91

4부
걷는 일이 아름다운 풍경이 되는 때

허공에 길을 내다 ··· 94
공부 ··· 96
농담 ··· 98
어머니의 봄 ··· 99
다툼이 아름다운 때 ··· 100
솟대 ··· 101
아카시아 사도행전 ··· 102
이 시대는 무슨 일을 겪었을까 ··· 103
몸이 가을을 만날 때 ··· 104
걷는 일이 아름다운 풍경이 되는 때 ··· 105
그리움을 놓는 그리움 ··· 106
성체성사 ··· 107
꽃을 피우지 않아도 그대는 내게 벚꽃 ··· 108
프란치스코의 회개를 생각하며 ··· 109
달음질 ··· 110
동짓날 아침 ··· 111
덮어주는 일 ··· 112
자신이 희망이 되는 입춘 ··· 113
새벽 이슬비 ··· 114

차례

작품해설 / 허형만 ··· 116
깊고 절실한 신앙심과 성 프란치스코의 영성

1부
그래서 네가 꽃이구나

절실하게

절실하게 구하면 얻는다고 하지만
절실하게 구해도 얻지 못할 때 많다
절실하게 사랑해도 거절당할 때 있고
절실하게 바라도 가지지 못할 때 있고
절실하게 노력해도 실패할 때 있다
아무리 절실해도 쉽게 외면당할 때 있어
밀려드는 허탈감에 익사하지 않기 위해
그 외면을 절실하게 무시해야 할 때 있다
포기하는 일도 구하는 일만큼
절실하게 해야 하는 거라면
살아내기 위해 절실하게 해야 하는 거라면
그 절실함을 절실하게 응원하고 싶어진다
포기하는 일도 구하는 일도
다 잘 살아내기 위한 거 아니냐
그렇지 않으냐.

그래서 네가 꽃이구나

나를 바라보는 예쁜 꽃
내가 즐거울 때나
화가 나 있을 때나
늘 예쁜 얼굴로 나를 바라보는 꽃
너를 꺾는 순간에도
꽃의 얼굴로
너를 밟으려 할 때에도
예쁜 꽃의 얼굴로
내가 어떤 모습
어떤 마음이어도
여전히 예쁜 꽃의 얼굴로
나를 바라보며
고운 모습만 생각하게 하는 너

그래서 네가 꽃이구나.

벗

고맙다고 하는데
시간은 아주 잠깐
좋은 기분은 오래

화를 내는데
똑같이 시간은 잠깐
나쁜 기분은 더 오래

이제 보니
좋은 기분도
나쁜 기분도
다 내가 불러내고
내가 벗하는 거였어요
내가 붙잡는 거였어요

나쁜 기분으로 오래 붙잡는
내가 나쁜 벗이었어요.

귀가 멀어지면서

세상이 내게서 멀어져 간다
내가 궁금해하던 부드러운 세상은
멀어진 지 오래지만
찾지 않아도 알아서 찾아오던
시끄럽고 거친 세상도
마저 멀어지고 있다
그래도 가끔 그 세상이 빚쟁이처럼 찾아올 때 있어
아직은 내가 세상에 살아 있음을 안다
반갑지는 않으나 끈질기게
세상으로부터 멀어져가는 나를 불러
나와 소통하고 싶은 세상이 있음을 안다
편애하던 세상과 멀어지고 나서야
내 안에 들어오려고 요란하게 애쓰던
세상의 거친 소리가 고요 속에 들어온다
역겨워하던 것이 단맛으로 변하고 있는 것일까[1)]
내가 싫어하던 세상이 비로소
부드럽게 내 세상에 들어오고 있다.

---

1) 프란치스코 성인의 나병환자에 대해서 느꼈던 회개.

산사(山寺) 풍경

산사(山寺)에 바람이 분다
정성으로 다스린 바람이 분다
바람이 처마 밑 풍경(風磬)을 건들고 간다
풍경소리가 공기를 흔들고
마음속 세상을 흔든다
정성으로 교감하는 소리
허공의 먼지를 털어내고
마음속 먼지를 털어내는 소리
저 소리가 땅의 귀도 두드렸는지
땅속에서도 바람이 분다
바람이 땅속 물줄기를 흔들고 간다
풍경소리가 흙을 흔든다
허공의 공기를 정화하듯
땅속 훑으며 흙을 정화시키는 소리
얼음을 깨며 생명을 만나는 소리
흙을 살리느라 흙을 품은 물
여전히 흙 속 공간을 흔들며
생명을 응원하는 소리
소리가 소리로 이어지다가
어디쯤에서 다시

정화된 흙에서 나오는 생명으로
다시 산사의 풍경소리를 만난다
반가움으로 교감하며 만난다
정성으로 다스린 바람 안에서
서로 새 세상 만난다
마음이 열린다.

성전(聖殿) 밖 성전

성전과는 사뭇 다른
낯선 곳을 견뎌야 하는
반대하는 자들을 만나야 하는
치욕을 견뎌야 하는
두려움을 지워야 하는
보호받고 싶지만 보호해야 하는
죄를 품으면서 죄를 씻어야 하는
어느 때고 억울하게
십자가에 못 박히고
고통으로 울컥울컥 눈물이 쏟아지는
그래도 살아있는지 보자
궁금한 창에 푸욱 찔리는
시험을 참아야 하는
참으며 다시 비워내야 하는
여기는 믿음의 현실
위험 속 믿음의 성전
그곳을 지켜 더욱 거룩해지는
내가 성전이 되어야 하는
성전(聖殿) 밖 성전.

장미가 지키는 지성소

장미꽃이 울타리를 쳤다
보잘것없는 가시는 아무도
염두에 두지 않았을 것이나
저 연약한 것들이
하찮은 것들의 범접을 막아
안쪽이 지성소가 되었다
만인에게 노출되었으나
장미가 지켜낸 아름다움이
쉽게 무너뜨릴 수 없는
부드러운 성벽이 되어주는
가장 부드러운 성전
가장 쉽게 다칠 수 있는
그러나
부드러움과 아름다움만이 지켜낼 수 있는
거칠어서는 성소가 되기를 거부하는.

성모 마리아

은총이 가득하신 마리아님
하지만 그 은총은 잠깐
아드님의 고난에 함께 하신
슬픔의 마리아님
슬픔도 깊어지면
힘이 되고 위로가 되는지
아프고 슬플 때마다
마리아께 기도한다
내가 아프고 슬프면
다른 사람의 아픔이나 슬픔은
잘 보이지 않는지
가장 큰 슬픔을 겪은 당신에게
나를 위해 기도해달라고
도움을 청하며 위로를 구한다
그런 나의 슬픔을 달래면서
당신의 슬픔을 위로받으시는지
기어이 슬픈 자를 위한 겨를을 내어
하늘의 문을 두드리신다
하늘의 문을 열며 은총을 불러내신다.

생명의 서(書)

동안거(冬安居)를 끝낸 담쟁이가
멈췄던 수행을 다시 시작한다
그의 수행은
생명 없는 벽 혹은
길을 가로막아 선 절벽 같은 바위를
경전(經典)처럼 꼼꼼하게 읽으며 순례하는 것
생명을 배척한 것 같은 곳에서
생명의 책을 읽어내고
좌절을 만나는 곳에서
생명의 뿌리 내리며
바위와 벽을 걸어가는 수행을 한다
걸어가는 자리마다 파릇파릇 생명이 자란다
알아들을 자는 알아들으라는 듯
바위가 그냥 바위가 아니고
벽이 그냥 벽이 아니라고 쓴다.

2월

지금은 헐벗은 나무들이
가장 가난한 모습으로 구원의 자비를 구하는 때

아주 작은 이파리 하나 허락하는 햇살만으로도
하늘나라가 주어지는 것 같은 자비가 되는 때

가난해져 보지 못한 사철 푸른 나무가
어디 그렇게 풍성해지는 큰 자비를 느껴 보았겠으랴

하늘나라는 그렇게
다 내어놓고 가장 가난해져야 보이는
가장 작은 것으로도 가장 큰 것이 되는
늘 있었으나 보지 않았던 새로운 세상

지금은 가장 가난한 것들이
그 세상을 기다리며 자비를 구하는 때.

가라지

잡초와 잡목이 우거진 숲길을 간다

찔레 가시며 날카로운 엉겅퀴 잎사귀들이
아프게 몸을 할퀴고 살을 찌른다

저 가라지들을 없애야 내 길이 편하지
저들을 다 베고 밟아 뭉개 버려야지 생각하는데

갑자기 내 마음밭에 가시 달린 가라지가 쑥쑥 자란다

부드러운 풀이며 꽃들이 어우러진 땅을 가겠다더니
내 마음이 가시 무성한 가라지밭이 된다
나를 찾아오는 사람들이 참 힘들겠다.

하느님이 부르다

누가 짓밟아 꽃대를 부러뜨렸어도
다른 꽃대를 내며 꽃을 피우는 들풀에서
용서하는 하느님을 보았어요

누가 꽃을 망가뜨리며 뿌리를 뽑아댔는데
아직 성한 꽃들을 모아 꽃 선물을 만드는 손에서
위로하는 하느님을 보았어요

너도 꽃이냐는 말에 차마 잡초들 틈에 숨었는데
꽃보다 튼실한 열매를 더 귀하게 여겨주는
공평의 하느님을 보았어요

그들 안에 계신 당신이
그들이 받은 용서와 위로와 공평을 보여주고

그걸 놓쳐버리는 내가 안타깝다고
내 안에 계신 당신이
그 귀한 마음 좀 보라고 종종 나를 불러요.

바람개비

당신은 가끔 어디선지도 모르게
바람처럼 찾아왔다가 스치듯 지나버릴 때 있어
내 안에 바람개비 하나 만들어 놓았어요
하여 내 귀가 쫑긋 먼저 당신의 기척을 느끼고
내 몸이 신나게 돌아가기 시작하면 그때가
당신이 내게 오는 날인 줄 알았어요
가만히 서 있어도 신나게 살아나는 나를 보면서
난 마법에 걸린 것처럼 어린아이가 되어
당신이 오는 곳을 향하여 오래 서 있곤 했지요
그런데 오랫동안 당신의 기척이 없었어요
당신이 찾아와야만 살아있을 수 있는 난
한껏 나를 비우며 당신을 느껴보려 하지만
당신이 어디에 있는지 알 길이 없어요
오늘은 나 여기 있다고 알리며
내가 먼저 달려가 찾아 나서기로 했어요
가끔은 내가 힘써 달려가야만 느낄 수 있는 당신
그래야만 나를 제대로 살아있게 하는 당신
오늘은 내가 당신을 만나러 달려가고 있어요
보세요
당신에게 달려가며 신나게 살아나는 나를 보세요.

대림시기에는

우리는 우리가 보고 싶은 예수님이 오시기를 기다리는데
예수님은 보여주고 싶은 모습으로 우리를 찾아오시겠지요
우리는 우리가 만나고 싶은 곳에서 예수님을 기다리지만
예수님은 당신이 만나고 싶은 곳에서 우리를 기다리시겠지
언제 어떤 모습으로 오실지 아무도 모른다지만
절실한 우리가 먼저 예수님의 마음을 잘 헤아리겠지요
우리의 절실한 마음이 먼저 예수님을 잘 알아보겠지요
우리가 예수님과 마음이 잘 통하는 연인이었으면 좋겠어요

성 프란치스코의 꿈

지금은 꽃을 피우던 시절이
아득히 멀어지는 가을
단풍이 한창때의 꽃보다 곱다
한때의 영광을 고집부리지 않은 것들이
자신을 버리기 시작하며 꽃이 되고 있다
꽃이 아닌 것으로 꽃을 피우고 있다
자신을 버리는 것들이 같이 모여서
아름답고 귀한 꽃이 되고 있다
한때 아무리 예뻤던 꽃도
지금 아무리 크게 자란 나무도
가난하고 보잘것없는 모습으로 세상에 나아가
가난하고 보잘것없는 이들을 위로하며
가난하고 보잘것없어져 버릴 세상을
아름답고 귀하게 한다
그의 세상엔
꽃의 여왕은 없고 섬기는 꽃들만 가득하다.

깃발

하늘에 깃발이 펄럭입니다
누군가의 의지와 꿈을 담았습니다
흔들어 놓는 바람이 셀수록
깃발은 더욱 힘차게 펄럭입니다
의지와 꿈이 절실하게 펄럭입니다
저 꿈이 어디론가 날아가 버릴까
휘청거리는 깃대가 중심을 잡으며
깃발을 더욱 단단히 붙잡습니다
버려지면 그저 천 조각에 불과할 것이
절실한 염원과 버팀으로 모여 살아납니다
깃발과 깃대의 두 절실함이 만나
그들의 세상을 만들어갑니다
내 안에도 그런 깃발이 있습니다
내가 깃대가 되는 세상이 있습니다
이념을 거부하는 꿈이면 좋겠습니다.

반성

그의 평안을 위해 기도했는데
그가 내게 화를 내서 나도 화를 내버렸어요
그가 잘 해내기를 기도했는데
내 기대에 못 미친다고 버럭 비난해버렸어요
그를 위해 기도한다면서
나의 기도가 화가 되고 비난이 되어버렸어요
아, 그를 위해 나를 비우는 줄 알았더니
내 감정과 욕심으로 꽉꽉 채우고 있었어요
하느님을 불러놓고 못을 박아
꼼짝 못하게 가둬놓고 있었어요.

내가 작아져야 할 때

무식하고 철이 없던 어린 시절
'내 뱃속에서 키운 귀여운 내 새끼'
어머니가 내게 이런 말씀을 하실 때
문득 내 몸과 어머니 몸을 비교해본 적이 있다
내가 아무리 작다 해도 어머니 몸에는
내가 들어가 있을 공간이 전혀 없어 보였다
나보다 큰 형은 어떻게 품었을까
형을 품었을 때는 어머니가 참 힘들었겠구나
그나마 내가 작아서 다행이다 생각했는데
다 자라서 생각해보니 어머니 앞에선
내가 작아져야 품을 수 있는 거였다
어른이 되어서도 어머니에겐 난 늘 어린 애
사랑으로 품고 사랑으로 작아져야 하는 거였다.

추분

오늘 다시 낮과 밤에게 모두 공평한 날을 맞이했어요
그동안은 낮과 밤의 불공평함을 되돌리는 시간이었지요
하지만 공평함을 향해 달려가는 시간은 참 길고
서로에게 똑같이 공평한 순간은 참 짧았어요
한쪽에선 공평함을 향해 달려오는 시간이
다른 한쪽에선 불공평함이 쌓이는 시간이었지요
그래도 이렇게 공평함과 불공평함을 주고받는 동안에
같이 공평한 날 때보다 불공평한 때에
참 많은 일이 일어났어요
이 시간에 모든 중요한 일들이 일어나고 있었어요
이파리가 나고 자라고 꽃이 피고 열매가 열렸어요
이제 보니 삶의 시간은 불공평한 시간이라기보다
늘 공평함을 돌려주고 되찾아가는 시간이었어요
불공평한 순간은 짧고
불공평함을 되돌리는 공평한 시간이 참 긴 거였어요.

가로수의 질문

이번엔 제대로 자라봐야지 결심할 때마다
온통 사지를 잘리는 나무가 사람에게 묻는다
매년 자란 가지를 이렇게 잘라대면서
나를 가까이 두는 이유가 뭐예요?
나를 사랑해서예요?
나를 살리기 위해서예요?
자라는 모습이 귀찮아서예요?
누군가의 희망을 위해서예요?
아니면 뭐예요?
뭐예요?

돌담길을 걷다

외로운 바위나 그냥
돌무더기로 남기 싫은 돌들이
오늘은 다르게 모였다
자신을 깨고 서로에게 맞추며 모였다
누군가를 지키는 울타리가 되겠다고
먼저 다른 돌들을 받들며
크고 무거운 돌이 맨 아래로 가고
작은 힘도 보태겠노라
스스로를 깨며 작아진 겸손한 돌들이
알아서 빈자리 찾아갔다
서로 감사하며 반갑게 끌어안아
더욱 튼튼한 담장이 되었다
공격하고 해치는 돌이 아니라
지키고 보호하는 돌이 되었다
그 마음에 경의를 표하며
오늘 돌담길을 걷는다.

밥이 되어라
- 주례사

오늘 앞에 밥상을 놓고 서로 같이 살기로 약속했으니
그대들은 이제 서로를 살리는 밥이 되어라
배고프지 않아도 때가 되면 저절로 생각나고
먹어야 하루가 행복해지는 밥이 되어라
매일매일 먹어도 질리지 않고
한 끼만 안 먹어도 그리워지는 밥이 되어라
아버지의 아버지, 어머니의 어머니가 그랬듯이
흩어진 식구들 식탁으로 불러 모아
삶을 나누고 생명을 키우는 넉넉한 밥이 되어라
그 밥 앞에서 식구들이 감사하며 두 손 모았듯이
아이들에게 두 손 모아 감사할 줄 알고
겸손해지는 법을 배우게 하는 밥이 되어라
서로 생각이 같을 때면 하얀 쌀밥이 되고
생각이 다를 때는 잡곡밥이 되면 되는 일
서로 생각이 같거나 다르거나 늘
서로에게 맛있는 밥이 되어주는 것을 생각하여라
밥이 되어주는 정성으로 그대들 머무는 곳이
하늘 아래 참으로 보기 좋은 행복한 둥지가 되리니
몸과 마음이 허기를 느낄 때 약속처럼
빈 배를 채우고 기운을 돋워주는 밥이 되어라

부부가 된다는 건 그렇게 자기를 죽이며
서로를 살리는 밥이 되겠다고 약속을 하는 것이다.

신뢰와 기쁨

산책을 하는데
한 여자가 활짝 웃으며 허리를 굽힌 채
두 팔을 벌리고 선 모습이 보인다
앞에서 한 어린아이가
신나게 달려와 여자의 품에 안긴다
보기만 해도 반가운 기쁨과
달려가는 행복
저들을 바라보는 내가 행복하고 기쁘다.

2부
왜 시를 쓰냐고 묻거든

외로움의 눈

종종 같이 있어도 혼자다 싶을 때면
차라리 혼자 있는 시간을 즐기곤 했어요
나를 외롭게 하는 것들로부터 나를 차단하고
방 창문에 파란빛의 어둠을 걸어 놓아
그를 벗하며 외로움을 즐기곤 했지요
가끔 비가 내리고 바람이 불어
밤을 더욱 외롭게 하는 것 같아도
내가 만든 그 파란 밤에는
나를 외롭게 하는 것들은 없었어요
그저 외로운 것들만 같이 있었지요
그러다 보니 외로움을 알아보는 눈이 밝아지고 있었어요
외로워질 수 있는 자유를 향한 감각이 튼튼해지고 있었어요
외로움이 찾아올 때는 나의 외로움만 아니라
같이 벗해 주어야 할 다른 외로움도
찾아보아야 할 때라는 걸 알게 되었어요.

사랑의 사이

이 가지의 꽃과 저 가지의 꽃이 마주 보고 있다
저 둘은 눈 뜨자마자 가장 예쁜 모습으로 처음 만난 사이
매일 가장 예쁜 모습으로 자신을 보여주고 싶은 사이
서로를 보면서 자신의 기분을 알아볼 수 있는 사이
바라보고 있는 것만으로도 자기들 세상이 달라지는 사이
하지만 한 번도 가슴 설레게 껴안아 볼 수 없는 사이
서로에게 해줄 수 있는 건 누가 그들을 흔들어 놓아도
그저 늘 같은 자리에서 지켜볼 수 있을 뿐인 사이
이러다가 어느 날 문득 한 생을 마감해야 하는 거라면
이런 사이라면 차라리 그걸 망가뜨리고 싶네 하다가도
사랑 때문에 차마 누가 먼저 망가뜨릴 수 없는 사이
그러는 사이 그들의 절절한 사랑에 대한 궁금함도 없이
그냥 꽃이 피고 졌다는 이야기로 끝나고 마는 사이
보답받지도 이루지도 못한 절절한 사랑의 사이
어디 꽃들만 그러하겠는가.

꽃병의 연가

사랑받는 꽃이고 싶지만
난 사랑받는 꽃이 아니네
아니, 꽃이 될 수 없다네
그래서 우울할 때 있다네
그래도 꽃을 좋아하는
마음을 선물로 받아 다행이네
예쁜 꽃은 될 수 없지만
예쁜 꽃을 시기하지도
부러워하지도 않고
좋아할 수 있어서 참 다행이네
사랑받는 꽃이 아니어서
아무리 보잘것없는 꽃도
꽃 옆에 있는 꽃 아닌 풀도
다 같이 좋아할 수 있어서
같이 모아 예쁜 꽃 보여줄 수 있어
참 다행이네.

실수해도 괜찮다

가끔 실수해도 괜찮다 애야
생명을 살리는 물도 가끔 실수해서
긴 장마로 우리를 섭섭하게 할 때 있지 않으냐
낮은 데로 흐르려는 변함없는 겸손함이
한 모금의 물이어도 같이 모여야만
생명을 살릴 수 있다는 절실한 마음이
몸에 배어 습관처럼 뿌리내리다 보니
물도 가끔 난리 내는 실수할 때가 있는 거겠지
가끔 그런 실수한다고 속상해하지 말거라
아무 생각 없이 실수하는 사람들이
다들 생각 없이 실수하는 거라 여기겠지
섭섭하다 못됐다 비난하는 거겠지
물의 실수로 아픔 겪는 일이 한두 번이랴만
그 실수에도 우리가 살았고 생명도 자라지 않았더냐
그러니 실수 좀 해도 괜찮다 애야
실수 때문에 비난받아 속상하다고
생명을 살리려는 마음을 버리지만 않으면 된다 애야
이번 장마가 참 오래 가는구나
살려야 될 생명이 참 많은가 보다
다 이유가 있겠지.

고백

저 들꽃이 어디
누구 눈치를 보며 피었겠으랴
그저 쓸쓸해지는 들판을
위로해주고 싶었을 뿐이네

담쟁이가 어디 길을 계산하며
담을 넘었겠으랴
어서 달려가서 민낯 휑한 마음을
덮어주고 싶었을 뿐이네

강물이 어디 갈 데 없어
무작정 떠밀려 흘러왔으랴
생명 살리는 길을
달려오고 싶었을 뿐이네

이런 핑계가
나를 살아있게 하고 행동하게 하네

아, 근데 그 말도 사실은 꾸며대는 말
사실은 더 이상 사랑을 감출 수 없었을 뿐이네

꽃 하나라도 더 얹어
들판을 아름답게 해주고 싶었을 뿐이네.

예쁘다

울타리 넘어가며 피는 장미꽃이 예쁘다
넘어가는 발을 받쳐주는 울타리도 예쁘고
예쁘다고 그 꽃을 바라보는 사람도 예쁘다
그들을 바라보며 미소 짓는 사람도 예쁠 수밖에
거기엔 가시를 품은 꽃도 사람도 없다.

아카시아꽃 편지

산 아래로 내려올 수도 없고
벚꽃처럼 화려한 모습도 아니라
자신을 데리러 와 줄 이도 없어서
눈에 안 뜨이게 편지를 보냈더라네
제 향기만 가득 담아 편지를 보냈더라네
이런 편지 보내고 받아본 사람은 알지
차마 놓쳐버릴지 몰라
향기를 쫓아 뒷산으로 달려갔더라네.

오월

내 속엔 빨강 노랑 파랑
다양한 색깔이 있지만
지금은 푸른 세상을 꿈꾸기로 마음먹은 때
지금은 그 색깔 모두 접고
하나의 색깔만 생각하기로 했다
다른 것들도 모두 푸른색인 걸 보니
우린 모두 같은 마음을 먹은 것이리
오로지 하나의 색깔로
한 곳으로 향해 가는 것이리
서로의 색깔이 달라도
오로지 자라고 키우는 생각만으로
같은 생각 같은 방향으로 나아가는
오월은 아름다운 전체주의
서로 다른 마음들이
같이 푸른 세상을 만들어내는
오월은 아름다운 민주주의
늙은 나무 하나
작은 풀 하나
자기만의 꽃을 피우면서도
오로지 푸르게 자람만을 챙기는 때

오로지 서로의 자람에로 향하는 우린
같은 색 같은 마음
지금이 진짜 기쁘게 살아내는 때.

사명(使命)

절벽 같은 세상이어도
생명을 키우지 못하는
무감각한 바위투성이 세상이어도
갈 수 있는 데까지 달려가
'기쁜 소식을 전하라'는
사명(使命)만 생각하며
담쟁이가 달려가고 있다
달려가는 발길마다
푸른 생명이 힘차게 세상을 덮는다
사람들이 주목하지 않아도
저 지칠 줄 모르는 우직한 존명(尊命)
내가 사랑하여 노래한다
세상을 바꾸는 그의 발걸음.

꽃나무인 걸 잊지 않겠네

맘껏 피어 그대 마음에 든다면
오로지 나 때문에
그대 마음에도 꽃이 가득 핀다면
일 년에 며칠뿐이어도
벚꽃으로 피다 져도 좋겠네

떨어져 휘날리는 꽃잎이어도
그대 주변에 맴도는 사랑처럼
같이 아쉽게 기억될 것이면
후회 없이 만발했다가 그저 며칠
눈발처럼 흩날리며 떨어져도 좋겠네

그래서 일 년 내내
그렇게 피고 지던 모습을 기억하며
꽃 같은 봄날이 기다려진다면
일 년에 며칠뿐이어도
그 몇 날로 꽃나무였던 걸 잊지 않겠네

꽃을 피우지 않아도
내가 꽃나무인 걸 잊지 않고
봄이 기다려지겠네.

지는 꽃

연일 사방에 꽃이 피어
꽃이 피는 세상인 줄 알았더니
문득 지는 꽃들이 보인다
새로 피는 꽃들만 보다 보니
지는 꽃이 있다는 걸 생각 못했다

미안하구나

예쁜 것만 보느라
네게 눈을 주지 못했다
너도 한때 예쁘게 피어나던 꽃
새로 피어나는 꽃들 돋보이느라
말없이 네가 지고 있구나
내가 꽃 피워
사랑받느라 자랑일 때
조용히 잊혀지는 꽃들 있다는 듯
네가 지고 있구나

피는 꽃이 기쁨이고 희망의 꽃이면
지는 꽃은 성찰의 꽃

필 때도 꽃이고
질 때도 꽃인 것을
기쁨 뒤에 성찰이 없으면
그게 어디 온전한 기쁨이고 희망이랴

지는 꽃을 받아 내 마음에 심는다
지는 꽃이 자리를 바꿔 내 안에서 핀다.

불확실한 세상의 끝에서

견디다 보면 만나는 게 봄이고
열심히 살아내다 보면 얻는 게 열매이지만
그건 내 것이 아닌 열매
결국 만나게 되는 건
내 것을 다 내놓아야 하는 겨울이다
내 것이 아닌 열매를 맺기 위해
열심히 견디며 살아낸 삶
결국 내어주면서 불확실한 세상을 만난다
그 불확실한 세상에서
내 것을 가져가 같이 견디는 것들을 보고
그 불확실한 세상의 끝에서
같이 견딘 것들이 만나는 봄을 본다
이제 보니 내어주는 동안 내가 자랐다
내 것은 없었으나 내가 자랐다
같이 견디는 것들이 많아졌다
이렇게 같이 견디어 만난다는 건
내가 자라고 내어주는 일이었다.

버들

봄이 왔다고 꽃나무들이
자랑하듯 꽃을 내며 뛰어나온다
누가 이름 부르지 않아도
누가 보아주지 않아도 마냥 즐겁다
꽃으로 봄을 시작하는 모습이 곱다
이들을 지켜보던 버들이 조용히
꽃 같은 연둣빛 이파리를 내고 있다

'난 그냥 이파리 내는 일부터 시작할래요'

진짜 제 봄을 열고 있다
꽃나무들도 이제 꽃을 거두고
그를 따라가겠다.

미얀마의 봄을 생각하며

봄을 맞이해본 것들은 알지
세상이 아무리 겨울이어도
봄이 어떻게 찾아오고
어떻게 우리들의 봄이 되는지를 알지
봄을 맞본 것들은 알지
누가 봄을 쓰러뜨리고 빼앗아도
몸이 먼저 기억하고 달려가
봄을 다시 일으켜 데려온다는 걸 알지
봄이 쓰러진 자리 가장 낮은 땅바닥
바싹 엎드려 있던 작은 쑥이며 냉이들이
먼저 봄을 기억하며 봄이 된다는 걸 알지
몸으로 아우성치며 기쁘게 살아나
쿠데타 같은 추위를 이겨내고
살아있는 것들의 양식으로 죽었다가
그들의 봄을 살려내는 봄으로
다시 살아난다는 걸 알지
살리겠다는 마음으로 살아나던
그 봄을 모르면
봄이 와도 진짜 봄이 아니지
그 봄을 모르면

우리가 만나는 봄은
군림하고 지배하고 싶은 것들만의 봄
계속 부끄러워해야 할 봄인지도 모르지.

양말

양말을 신으려는데 구멍이 나 있다
어린 시절 어머니가 기워주던 양말이 생각나
한 번 기워 신어볼까 했더니
촌스럽게 요즘 누가 양말 기워 신느냐는 말에
양말이 섭섭한지 알아서 어머니처럼 구석에 자리 잡았다
추운 길을 걸어가는 나의 발에
따듯한 봄날이 되어주던 양말
이제 구멍 난 봄날
촌스러운 봄날밖에 가져다줄 수 없다니
너무 아쉽고 섭섭한 표정이다
밖은 여전히 추울 텐데 촌스러우면 좀 어떠냐고
나의 봄날을 걱정하는 어머니처럼
양말이 구석에서 나를 쳐다보고 있다
구멍 났어도 여전히 발을 따듯하게 해줄 수 있다고
물끄러미 나를 쳐다보고 있다
그래 촌스러워도 저 양말을 기워
어머니가 염려했던 봄날을 챙겨야겠다
몸에 구멍이 나면서도
나의 봄날만 생각하며
송송 구멍 난 세상을 걸어가던

어머니의 봄날을 내가 직접 챙겨
구멍 나기 시작한 나의 봄날을 메워야겠다.
우리의 봄날은 촌스럽지만 늘 정겹지 않았던가
직접 양말을 기워 신기로 한다.

왜 시를 쓰냐고 묻거든

실수로 넘어지면서
책상 모서리에 이마를 부딪혔다
이마에도 모퉁이가 생겼다
평소에는 미처 생각하지 못한 모서리
거기에 두꺼운 골판지를 덧대어 붙였다
덧댄 모습이 볼품이 없어 보였지만
모서리 아닌 모퉁이가 눈에 확 들어온다
그 모퉁이의 삶을 보여주려 시를 쓴다
주연(主演)들의 삶이 별로 닿지 않는 곳
내가 공부하며 생활하는 공간이지만
미처 생각하지 못한 일이 생겨야
어쩔 수 없이 돌아보게 되는 곳
깎아 버릴 수 없는 책상의 일부
외면할 수 없는 내 마음의 일부
그 모퉁이의 삶을 기억하고 싶어 이 시를 쓴다
삶이 어디에서 부딪히는지 알고
안과 바깥의 세상을 돌아보게 되는 곳
여기가 그곳임을 들려주고 싶어 시를 쓴다
모서리를 감싼 모습이 여전히 볼품없지만.

꽃차를 마시며

갑자기 기온이 뚝 떨어져 따스함이 그리운 가을날
옥빛 찻잔에 꽃차 꽃을 넣고 뜨거운 물을 붓는다
화들짝 한창때의 시간을 기억하며 꽃이 살아나 핀다
살아서 찻잔과 꽃이 무슨 인연이 있었으랴만
흙이 죽어 찻잔이 되고 꽃이 죽어 꽃차가 되어
딱 한 번 꽃의 가장 아름다운 시절을 살려내는 일만큼
딱 한 사람을 위해 그렇게 살아났다가 다시 죽는 일만큼
거룩한 소명, 안타깝고 가슴 시린 인연이 또 있을까
따스함이 그리워 시린 두 손이 찻잔을 잡아 품는다
내가 소중하게 추억하고 싶은 삶의 인연처럼 품는다
가슴 시린 인연이 내 손에 잡혀 온몸으로 퍼지고
그들을 키운 해와 바람과 물과 공기가 내 온몸을 훑는다.

예쁜 약속

장미꽃밭에 들꽃이 있다고
장미를 사랑하여 들꽃을 뽑지 말기
들판에 백합이 어울리지 않는다고
장미꽃밭에 따로 옮겨 심지 않기
꽃을 사랑하는 마음에서
예쁜 꽃만 따로 모아 심거나
예쁘지 않다고 따로 갈라놓지 않기
편애도 차별도 아닌 사랑으로
꽃이 있는 자리를 예쁘게 해주기
서로의 자리에서 그대로 어울리게 해서
서로의 모습으로 서로를 돋보이게 하는 세상
예쁜 마음으로 예쁘게 약속하기.

우리 사랑했을까

운동하러 가는 산책로에
이름 모를 꽃이 피었다
풀숲을 헤치고 올라온 꽃
잠시 멈춰 서 바라보았다
며칠 그 길을 산책할 때마다
앞에 멈춰 서 바라보았다
꽃은 아무 말도 하지 않았다
내가 오가는 동안 말없이
지다가 피다가 지기만 했다
나도 아무 말 하지 않았다
늘 같은 마음으로 바라보기만 했다
꽃은 더 이상 꽃을 피우지 못하자
그저 꽃 없는 풀로 거기 남아 있었다
난 그 풀을 꽃으로 기억하며 바라보았다
풀은 여전히 아무 말 하지 않았다
우리 사랑했을까.

봄의 새벽

봄이 아닌 지금
봄으로 찾아오던 그대 기억으로
내 안에 봄이 살아난다
봄이 아닌 내가 봄이 되려 한다
온전히 나의 봄이 아니어도
그대 소식만으로도
내가 새봄을 맞는 줄 안다
아느냐, 그 봄 풍경 속
내가 봄으로 그대를 찾아가는 줄.

먼지의 역설(逆說)

 자신을 비우면 몸이 가벼워져서 자유로워진다는데 자유로워지기는커녕 작은 바람에도 자꾸 밀려납니다 순종하며 밀려나다 보니 문득 구석입니다 제 자리를 고집한 것들은 어디론가 끌려가 돌아오지 않고 구석에 모인 것들은 더 이상 고집할 것도 없습니다 그저 숨죽이고 눈에 띄지만 않으면 편안한 변두리입니다 하지만 더 넓어지고 싶은 도시처럼 잘 정돈된 방에선 구석의 먼지도 재개발지역 가난한 사람들처럼 갑자기 한꺼번에 쫓겨나야 합니다 자신을 비우고 비우며 물러났어도 사람들 보기에 추하고 불편한 모양입니다 자신을 비우는 만큼 이주(移住)도 정착도 자유롭지 않은 세상을 만납니다 자신을 비우며 가난해진 것들이 치워버리고 싶은 먼지처럼 되어가는 세상에서 더욱더 자신을 비우며 자유로워지라고 말하기도 참 불편합니다 그럽다.

새싹
- 봄날의 외침

겨울의 군림과 통제에 익숙한 것들에서
떠밀리듯 뛰어나오는 새싹들을 보라
겨울을 이기는 밥이 되어주겠노라
얼어붙은 땅을 깨며 솟아나는 새순들을 보라
몸을 던져 꽃길을 만들어주겠노라
봄 햇살 반기며 터져 나오는 꽃들을 보라
저건 기쁘게 해방된 것들이 같이 살자는 생명의 몸짓
군림과 통제를 그만 멈추고 같이 자유로워지자는 외침
자유는 선택받은 이에게만 주어지는 게 아니라
똑같이 살아있는 모두에게 주어지는 것이라는 선포
그러기에 저 외침, 저 몸짓은 위협적이기는커녕
오히려 조용하고 부드러우며 아름답지 않으냐
너와 나 우리들 안에서도 익숙한
통제와 군림을 멈추면 허락되는 은총을 보라
살아있는 것들의 몸속에서
그 은총이 꼼지락거리며 돌아다닌다
종종 광장에 모이는 사람들의 떠들썩한 외침도
남을 지배하고 군림하기 위해서가 아니라
진정으로 누군가를 살리기 위한 아우성이면 좋겠다
새싹처럼 생명이 살아나는 몸짓이면 좋겠다.

3부
별이 빛나는 밤에

봄이 내게로 오다

언제쯤 오나 기다리는데
어느 날 문득
작은 연두가 나를 불렀다
고개 돌려 바라보니
연두가 내게로 걸어온다
종종걸음으로 오더니
나를 연두로 칠하기 시작한다
봄이 아닌 내가
가슴 설레게 봄을 꿈꾼다
연두가 나를 품는다
내가 연두를 닮는다
봄이 아닌 내가 봄이 된다
사방이 봄이다.

십자가의 길

봄이 찾아오는데 갑자기
'십자가에 못박으시오'라는
성난 군중의 무정한 외침처럼
봄을 준비하는 꽃나무들에
차가운 눈비가 쏟아집니다
이게 어디 주님께 내려졌던
수난만 하겠습니까마는
봄꽃나무들이 서로 같이
십자가의 길을 걸어가기로 합니다
아름다운 꽃을 피우기 위해서는
걸어가야만 하는 길임을 믿어
살아있는 것들이
분명한 약속을 위하여
십자가의 길을 같이 걸어갑니다
삶이 이처럼 분명하면 얼마나 좋겠습니까.

고해성사

나의 죄를 새 선물로 교환해준다 해서
애써 죄가 되는 내 잘못을 찾는다
오랫동안 들여다보지 않던 서랍을 정리해본다
안에 잔돈처럼 내팽개쳐진 잘못들이 보인다
겨우 자판기 커피로나 바꿔줄 수 있을 것 같아
찾아내지 못한 더 큰 잘못을 생각해보기로 한다
꼭꼭 숨겨 놓았다가 어디 두었는지 잊어버렸을
비상금 같은 죄가 발견되길 은근 기대하며
책꽂이며 일기장이며 내밀한 장소를 뒤져본다
문득 일기장 속에 숨겨둔 죄가 발견된다
잊고 있던 지폐를 찾은 듯 반갑다
제 잘못을 찾아내는 일이 이리 반가운 일인가 싶다가
선뜻 내어놓기가 덜컥 부끄러워진다
이런 나의 죄가 보물이 된다니
이런 나의 죄를 내놓고 큰 선물을 기대하다니
도대체 그분은 무슨 이익을 보려고?
벚꽃처럼 화사한 봄날이 열린다.

나팔꽃의 은총

여름이 다 지난 늦가을에
무슨 한여름의 나팔꽃이냐
지킬 것도 없는 철조망 울타리 주변
한창때의 생기를 잃어가는
가난한 풀들 틈에서 나팔꽃이
경쾌한 나팔을 불며 꽃을 피우고 있다
가난한 공간이 부유해졌다
나도 같이 부유해진다
네 삶과 내 삶이
같이 연결된 세상을 만난다
네가 받은 은총이 곱고
네가 나누는 은총이 감사하다
특별히 은총을 나누는 이 순간
나를 부른 그분이 지도에서
이곳을 동그라미로 표시해두셨다.

반 고흐
- 별이 빛나는 밤에

세상에 꽁꽁 묶여 꿈을 꾸는가
그대를 바라보는 세상은 환한데
그대의 세상은 여전히 캄캄한 밤
그 캄캄함 밤을 건너는 꿈을 꾸고 있구나
새날을 위해 부지런히 꿈꾸고 있구나
그대의 꿈을 응원하며 별들이 모이고
별들이 뛰어다니며 찬란히 빛난다
날이 새면 도둑맞아버릴 별들
도둑맞은 줄도 모르게 사라져버릴 꿈이어도
그 꿈을 응원하며 별들이 모여든다
그대의 밤하늘을 아름답게 하는 건
떼 지어 달리는 저 별들의 갈채 소리
그 갈채에 맞춰 밤의 풍경이 춤춘다
캄캄할수록 더 찬란해지는 꿈의 풍경
어두운 세상에 묶인 그대가
세상을 건너는 꿈의 풍경
나도 그대의 밤을 같이 건너며
같이 꿈을 꾼다.

가난과 부유함

눈이 내린다
저 가볍고 사소한 눈에도
큰 선물을 받은 것처럼
부자가 된 기분이고
마음이 들뜬다
내가 가난해졌나 보다
귀찮거나 아쉬울 게 없는 걸 보니
내가 진짜 부자가 되었나 보다.

돌탑

산길을 가다 돌탑을 만난다
누군가의 소망이 먼저
낮게 엎드려 시작한 정성
그 옆을 걸어간 사람이
그 정성에 마음을 보태고
제 소망을 더한다
생명도 없는 것들이
아무것도 아닌 것들이
정성으로 의미를 지니며
살아나기 시작한다
그 정성 다 부질없다
절망의 서러움에 복받쳐
누가 허물어뜨릴 때 있어도
차마 그걸 버리고 싶지 않은
누군가의 정성에 응답하여
다시 언제고 일어서는 소망
들판의 이름 모를 풀보다 더
아무것도 아닌 돌로 있다가
사소한 정성을 먼저 느끼며
낮게 엎드리는 돌의 정성에

마음을 모아 같이 살아나는
너와 나의 소망
모일수록 절실해지는
우리들의 소망.

풀과 꽃

오늘은 또 다른
꽃이 피었구나
우리는 그냥 풀
꽃을 피우는 네가 있어
우리의 자리가 찬란하다
그러니 네가 질 것을
우울해하지 마라
네가 지면
다른 꽃들이 이어가리니
너는 한껏 피고
한껏 누리기만 하거라
우린 겸손한 배경으로 남아
같이 있어
우리도 같이 찬란했던
시간들을 기억할 테니.

소금인형

바다가 무엇인지 알고 싶어
바다에 한 발을 담갔다가
마저 두 발을 담그기 시작하고
아예 바다로 들어가
바다가 된 소금인형

'넌 누구니?' 하고 물으면
'난 바다야'

소금인형은 없는데
소금인형이 대답한다
소금인형이 바다로 꽉 찼다.

나무에게

네 꽃이 떨어져 흩날릴 때 같이 가슴 아프게 무너지다가
네 이파리 떨어져 흩날릴 때 같이 붉게 그리움 떨궈내다가
네게 봄이 찾아온다는 것만으로 가슴 설레며 다 잊는다
네가 내는 꽃에서
오래 기다린 연인을 만난 것처럼 가슴 설레고
네가 내는 여리고 작은 이파리에서
소식 끊겼던 내 꿈이 서둘러 달려오는 소리 들린다
나와는 아무 관계 없을 네게서 내가 왜 가슴 아파하고
잊어버렸으나 나를 가슴 설레게 하던 꿈을 기억하는가
그건 네 안에 나 같은 것이 있거나 내 안에
너 같은 것이 있어 서로를 불러내 알아보는 것이리
허나 나는 자꾸 내 안의 너를 잊고 살 때 많다
살아가는 게 늘 새로 시작하는 일이고 자라는 일임을 잊고
무언가를 잃어버리거나 모든 걸 버리는 일조차
새로 시작하는 일이고 크게 자라는 일이 되는
너를 잊고 산다
언제나 거기 있는 너를 그렇게 종종 잊고 살 때 많다.
네 안의 내가 내 안의 너를 부르는 소리 못 듣고 살 때 많다.

안부

해가 뜰 때마다
사랑하겠다고

해가 질 때마다
반성하겠다고

매일
반성하며 사랑하고
사랑하며 반성한다

가끔 잊을 때 있어
내가 내게 안부를 묻는다
요즘은 어떠냐고.

비 오는 날

비가 오고 있었고요
빗방울이 창문을 두드리며
누군가의 얼굴을 그리다
눈물 흘리듯 미끄러졌고요
어디론가 흘러가 버렸고요
누군가를 기다리게 했고요
계속 비가 오고 있었고요
누구를 기다렸는지 모르겠고요
계속 비를 바라보았고요
그래도 기다리고 있었고요
여태 아무도 오지 않았고요
그러다 빗소리가 그쳤고요
눈부신 햇살이 찾아왔고요
일어서서 창밖을 보았고요
영롱한 물방울 머금은
꽃이며 풀이며 나무며
찬란하게 빛나는 풍경이
확 내 눈을 덮쳤고요
누구를 기다렸는지
다 잊어버렸었지요

오늘도 비 오고요
누군가 기다리고 있고요
비 그치고 찾아오는 풍경에
무엇을 기다리고 있었는지
또 잊어버리겠지요
종종 그분이 그렇게 다녀갔어요.

생각과 믿음

산과 들판의 꽃과 나무를 본다
그대에겐 그대의 생각이 없겠지
무얼 할까 따로 생각하지 않아도
살아가는 데 필요한 건 언젠가
다 주어질 거란 믿음밖에 없겠지
춥거나 덥거나 가물어 힘들다고
따로 기도하지 않아도 언젠가는
따뜻한 바람과 물과 공기와 햇살이
주어지는 걸 의심하지 않겠지
누가 그대를 옮겨 세상이 낯설어도
봄일 때 같이 고운 봄이 되고
가을일 때 같이 가을이 되어
고운 풍경이 되는 믿음만 있겠지
누가 더 곱고 덜 곱고는 생각 않겠지
그대에게 주어지고 변하는 것이
기쁜 은총이고 감사의 봉헌이 되는
한결같은 믿음만 가지고 있겠지
다른 생각은 해보질 않았겠지
그래서 보기 좋은 산과 들과 숲이 되었겠지
생각을 버린 오직 믿음만으로

거기 생명이 살아 있는 거겠지
그 믿음이 만들어놓는 길에서
나는 내 생각만 하고 있었구나
내 생각만 하며 마구 네 길을 갈 때
거기 산과 들과 숲이 참 힘들었겠구나.

저물어가는 시간

날이 저물어간다
떠나간 어머니가 돌아온다
낮 동안의 당신 수고는 잊고
식구들의 밥을 위해 어머니가 돌아오던 시간
당신의 날이 이미 저물고 밤 깊어
밥을 준비할 수 없어도
집사람이 간식으로 구워드린 고구마에서
가장 크고 먹음직스러운 것 챙겨두었다가
이미 밥을 먹고 왔다는 아들에게
먹으라며 내어놓는다
이미 배가 불렀지만 맛있게 먹는다
그래, 내가 그 마음을 먹고 자랐지
밤늦게 돌아온 딸에게
나도 그 고구마를 권한다
다이어트가 뭐 그리 중요하랴
딸도 그 사연으로 맛있게 먹는다
어머니는 떠났다가 영영 돌아오지 못한 딸을
몇 번씩 같이 불러내다가 떠났을 것이다
이렇게 저무는 시간은 얼마나 다행이냐*
챙겨주는 마음이 습관처럼 모이고

날이 어둑어둑해질수록
사랑으로 기억하여 나를 찾아오고
내가 찾아가는 것들이 북적거리는 시간
그렇게 귀하게 흘러가는 시간이 얼마나 좋으냐.

* 고은 시인의 시 「하루」에서 차용함

봄이 되다

겨울 속의 네게 귀 기울이니
내 안에 봄이 살아나기 시작한다
살아난 나의 봄이
너의 겨울을 생각하며
서둘러 네게로 달려간다
달려가는 동안
살아나는 너의 봄이 보인다
먼저 사랑으로 생각하고
사랑으로 귀 기울이면
너도나도 봄이 되는 거였다
봄을 기다리는 게 아니라
내가 봄이 되어야 하는 거였다.

성 프란치스코
- 작음에 대하여

갯버들 빈 가지에 작은 싹이 돋는다
얼어붙은 땅에서 냉이 싹이 돋는다
춥고 힘든 시절을 이겨내는 것들은
늘 작고 여린 모습으로 시작하였다
그 작고 여린 것들에서 먼저 봄을 꿈꾼다
매번 맛보면서도 질리지 않는 꿈
작은 것들이 되살려 놓는 꿈과 희망을 보라
우리도 약하고 작고 여린 모습이었을 때
사랑하는 이들의 희망이고 꿈이고 봄이었다
희망을 주는 건 언제나 작은 모습이었다
그것을 생각하면 아무리 작아도 희망 아닌 게 없다
작은 것들에서 희망을 보게 한 그분의 뜻을 알아
프란치스코 성인도 작은자가 되어 희망이 되었다.

성 프란치스코의 理想

이상(理想)은 밤하늘의 별 같은 것
세상이 맑을수록 더욱 찬란하게 빛나지만
보이지 않는다고 없는 게 아니고
삶이 흐리다고 없는 게 아닌, 오히려
사방이 어두울수록 더 잘 보이고
모여 있으면 같이 아름다워지는
하늘의 별 같은 것, 그것을 사랑하여
자주 생각하고 자주 찾고 쳐다보다 보니
평소 밥도 되지 못하던 것이 어느새
내 안에 들어와 주방을 차렸다
자신의 태양계를 만들어 법을 짓는다
그의 하늘과 땅과 바다와 물과 공기와 바람
나와 같이 있는 것들이 그의 밥과 숨결로 산다
그의 숨을 같이 쉬고 그의 밥맛에 길들어져서
냄새만으로도 내 별이 짓는 밥맛을 알 수 있다
그것을 쫓아가면 내 별이 어디 있는지 안다
누가 뭐라 해도 그 별이 가장 아름다운 줄 안다
그 별을 사랑하는 사람이면
다 같은 가족인 줄 안다.

용서

따뜻함을 싹둑 잘라내
양지에만 햇살을 허락한 때
음지에도 꽃을 피우는 거

자동차가 짓밟고 지나간 자리에
박제되듯 쓰러져 누운 풀이
다시 일어서는 거

분노의 불길이 지나간 자리에
절망을 만지고 돌아온 것들이
다시 새싹을 틔우는 거

불행을 겪고서도
분노를 지우며
기쁘게 자신을 살리는
약자들의 용서

강자는 느끼지 못하는
슬프고도 기쁜
아름다운 용서.

성찬의 전례

밥을 먹는다
오늘은 무엇을 먹을까
고민하면서 지은 밥을 먹는다
생명을 살리기 위해
기꺼이 목숨을 내놓은
겸손한 지도자가 된 밥
그 밥을 짓거나 먹는 일은
살아있는 것들과 죽은 것들의
일생이 같이 하는 일이고
그들이 꿈꾸던 세상을
같이 꿈꾸는 일이다
목숨을 내놓거나 앗아가면서
같이 꿈꾸던 세상이 어떤 세상인지
기억하고 살아내는 일이다
죽이고 먹는 죄를
먹히고 살리는 사랑으로 만드는
거룩한 성사(聖事)를 기억하며
무척 귀한 밥을 먹고 있구나
귀한 사랑을 받고 있구나 감사할 일이다.

여름 숲

여름이 왕성해지고 있다
훗날의 피로를 생각하지 말자고
매 순간 열정을 잃지 않는 생명들이
왕성한 숲을 만들고 있다
온갖 벌레와 풀과 나무들
낯익은 것들과 낯선 것들이
같이 모여 그 숲을 만들고 있다
거기 들어가면 모두 사랑하게 되는지
그 숲엔 자라는 게 참 많다
멀리서 찾지 않아도
어디서 왔는지 묻지 않아도
옆에 있는 것들끼리
함께 하면서 서로를 살리고 있다
숲이 선물 보따리가 되고 있다
나도 그 숲에 들어가면 선물처럼
살리는 생명이 되어 나온다.

기침

저 소리
숨결이 길을 찾아가고 있다는 소리
막힌 길을 터달라는 숨결의 외침
괴롭고 아프지만 아직
포기하고 싶지 않은 몸의 아우성
숨길 수 없는 살아있음의 몸짓
강제로 막는다고 결코 해결할 수 없는
소통을 향한 희망

우울한 고백

피는 벚꽃처럼 와락 찾아 달려갔다가
지는 벚꽃처럼 와르르 무너지며 돌아와야 하는
봄날의 고백

잠시 한눈을 팔면
알아차리지도 못하고 그냥 지나쳐질 고백

망설이는 사이 왕창왕창
어느 순간 바람이 앗아가 버릴 고백

다시 일 년을 천 년처럼 기다려야 하는 고백.

4부
걷는 일이 아름다운 풍경이 되는 때

허공에 길을 내다

허공에 집을 짓는 게
다 허망한 일이라 했던가
나무가 가지를 뻗으며
허공에 길을 낸다
거기 이파리며 꽃도 내고
먹음직스러운 과실도 내고
가끔 허공을 다니는 것들에게
쉴 곳도 내어주면서
허공을 허공이지 않게 한다
제 것으로 챙겨 누릴 것 아니어도
그것들 내는데
치열하게 걷지 않은 날이 없다
그렇게 한 해를 살아
제 안에 겨우 나이테 하나
훈장처럼 새겨놓는 삶
나이는 그냥 먹는 게 아니다
짓밟으며 많이 챙기는 길만 꿈꾸는 자는
차마 가지 못할 길
튼튼하게 자라는 일이
누군가의 길이 되고 집이 되고

양식이 되는 길을 만드는
그 마음이 허공에 길을 낸다
그 마음이 사람을 부르고
다른 세상을 만나게 한다.

공부

올라가기 위한 공부 말고
내려가는 공부를 한다
올라가는 공부는 허공에서
자신을 자랑하는 것들을 보는 일
높이 올라온 것들에 먼저 눈이 가고
크고 예쁘게 보이는 것들이
먼저 눈에 들어오는 일
그것들만 보고 기억하느라
차마 세상의 절반을 잊어버릴까
내려가는 공부를 한다
내려가다 보니
높이 올라가지 않고도
예쁜 꽃이 되는 것들이 보이고
홀로 작게 핀 장미 곁에
너도 장미라며
모여 응원하는 풀들이 보인다
꽃이 아니어도 같이 있어
서로 응원하는 것들이 보인다
그들을 사랑해서
그들과 같이 있기 위해 내려가는 공부를 한다

내려갈수록 우리를 사랑하여
사람이 된 예수가 보이고
그를 사랑하여 작은 예수가 된
프란치스코 성인이 보인다.

농담

그대와 나 사이에 어둠이 내리고 있었던가요
누군가 우리에게 어둠을 부려놓고 있었던가요
무슨 말을 할까 망설이고 있었지요
그대로 어둠 속에 묻히고 싶다는 생각을 하다가
그 무게가 버거워 하늘을 쳐다보았지요
별들이 하나둘 반짝이고 있었어요
어둠을 살랑살랑 흔들고 있었어요
무거워지는 어둠을 지워내기엔
그저 사소함에 불과할 것임을 알지만
그 별들을 농담처럼 받아들이고 싶었어요
아, 그 사소함이 어두움을 잊게 했어요
그 별들을 같이 나누는 동안
다른 별들이 더 모여들기 시작했어요
왁자지껄 별이 빛나는 밤이었지요.

어머니의 봄

내 봄은 언제였냐고 물을 거 없다 애야
찾아왔다가 가버린 봄이 뭐가 중요하랴
내 봄은 늘 너의 봄이 오는 때였다
네가 꽃을 피우는 날이 늘 내 봄이고
그 봄을 기다리는 때도 다 내 봄이었다
네가 꽃을 피우기 전부터 난 봄 속에 있었고
내가 그 꽃의 배경으로 남아 있을 뿐이어도
네 꽃이 다른 꽃들과 어울려
더 아름다운 봄을 만드는 걸 볼 때면
내 봄이 한창때를 달려가는 기분이었다
같이 있기만 해도
늘 봄나들이 가는 기분이었다 애야.

다툼이 아름다운 때

꽃들이 다투며 핀다
개나리 진달래 목련 벚나무 앞서가고
철쭉 영산홍 장다리 라일락 달려오고
그 아래서
제비꽃 민들레 금낭화 애기똥풀
즐겁게 다투며 핀다
눈을 두는 곳마다 눈이 부시고
그들이 있는 곳 다 아름답다
봄이 오는 길은
다투고 경쟁하는 일이 아름다운 때
다 즐겁고 행복한 잔치가 된다
돌아가신 어머니 아버지 누나도
같이 나들이 나오시겠네.

솟대

가끔 바람 불고
새 몇 마리
바람 피해 둥지를 튼
심지 곧은 자작나무 하나
서 있는 그대 마음속
그 풍경 보러 가고 싶었지요
그 풍경 안에 들어가
나도 그 안의 풍경으로 남고 싶었어요
내게 남겨진 자리
맨 꼭대기 흔들리는 가지이어도
소중한 그 무엇을 놓치고 싶지 않아
가지 끝에서 흔들리는 새처럼
단단히 붙잡고 같이 흔들리고 싶었어요
하여
그 풍경 흔들리듯
심장이 뛰고 잠 못 이룰 때
내 안에 그 풍경이 찾아온 거라 여겼어요
솟대가 되어 거기 남고 싶었어요.

아카시아 사도행전

누가 먼저 피기 시작했는지
거칠고 험한 산에 아카시아들이
무리 지어 쫓아가며 꽃을 피운다
진한 향기 서로 다투어 전한다
가는 길은 울퉁불퉁 험한 산길
살갗은 갈라지고 모습은 거친데
가는 곳마다 진한 향기의
무더기 황홀을 만든다
보잘것없는 나무 골라
가장 진한 향기 내게 하는 그분의 뜻으로
숲 밖 사람들 숲에까지 내려와
아름다운 향기 심는다
아, 저건 아카시아 사도행전.

이 시대는 무슨 일을 겪었을까

'호박꽃도 꽃이고
굼벵이도 기는 재주가 있어
지렁이도 밟으면 꿈틀거리고
고슴도치도 제 새끼는 예뻐하는 법이야'

옛날엔 이런 표현을
사랑으로 말하고 들었는데 지금은 종종

'호박꽃도 꽃이라더니
굼벵이도 기는 재주가 있다더니
지렁이도 밟으면 꿈틀거린다더니
고슴도치도 제 새끼는 예뻐한다더니'
라는 말로 들리다니

그들의 모습은 변한 게 없는데
공격과 비아냥의 말투로 들리다니
그동안 이 시대가 무슨 일을 겪은 걸까
우린 무엇을 잃어버린 걸까.

몸이 가을을 만날 때

몸이 가을을 만난다
몸에 송송 찬바람 들어와
몸 어딘가에서 아프기 시작하더니
가을 산에 단풍 들 듯
몸 곳곳에 아픔이 번진다
이제 새잎이 날 일은 없고
살려낼 수도 없음을 알아
몸의 한쪽이 같이 아파하며
몸의 다른 쪽을 달래고 있다
저 자비의 마음이 모여
아픔이 고운 단풍이 되고 있다
가을을 만난 몸의 아픔이
고운 단풍의 시작이라니
아, 몸이 가을을 만날 때는
먼저 아픈 몸이 아픔을 이해하여
같이 아파하고 그리워하며
아름다워져야 하는 때.

걷는 일이 아름다운 풍경이 되는 때

밟히면서 상쾌한 소리를 내는 눈
밟히면서 기분 좋은 느낌을 주는 눈
밟힌 자신을 스스로 곱게 덮는 눈
죽을 때까지 따라 하고 싶어도
따라 하지 못할 것 같은 모습
아까워하며 조심조심 걷는다
걷는 일이 아름다운 풍경이 된다

그리움을 놓는 그리움

깊어가는 가을
내가 사랑하는 숲을 찾았다
나의 그리움은 절실하였으나
숲의 그리움은 더욱 절실해서
이미 그리움을 다 쏟아놓았다
텅 빈 그리움이 나를 맞는다
그리움을 놓은 그리움을 본다
요란해지는 걸 버리는 그리움
그리움이 이보다 더 절실할 수 없다.

성체성사

씨앗이 새싹을 내는 건
새 세상이 열렸으니
희망을 잃지 말라고
자신을 잘 키워달라고 기도하는 거였어요

싹이 자라 꽃을 피우고
열매를 내는 건
내일을 걱정하지 말라고
열매를 먹고 잘 살아달라고 기도하는 거였어요

나고 살고 죽는 일이
다 생명을 살리는 기도의 삶이었어요
생명이 생명을 이어가는 사랑의 성사였어요.

꽃을 피우지 않아도 그대는 내게 벚꽃

그대는 벚꽃처럼 왔다 간다
가슴 설레게 왔다가
서둘러 가슴 아프게 간다
그렇게 왔다 가면 세상은
서럽도록 화창한 봄이고
그대는 꽃이 아닌 모습으로
그 봄 속에 산다
다른 꽃들의 배경으로 산다
그래도 그대는 내게
꽃이 져도
약속처럼 봄을 만드는
벚꽃
내가 그 꽃의 배경이 된다.

프란치스코의 회개를 생각하며

혈기 왕성한 나이, 프란치스코
힘센 하느님에게 끌린 게 아니네
세상의 방식으로 이기는 승리를 내던지고
세상의 방식으로 지는 방식을 선택하여
사랑을 지킨 예수님의 고통과 수난을 생각하다가
그만 불쌍한 예수님을 사랑하게 되어버렸네
예수님이 지킨 사랑을 살려내려 애쓰다 보니
그분이 그의 심장이 되어버렸네
제 심장은 가난하고 보잘것없어 보였지만
그분 심장의 피를 받아 사는 눈엔
무엇이든 과분하고 감사해 보였네, 그래서
작고 보잘것없는 것들에 눈이 먼저 가고
가난한 것들에 마음이 먼저 가서
작고 보잘것없음이 크고 귀하게 다가왔네
역겨웠던 나병환자를 껴안고 보니
역겨움이 달콤하게 변했다는 프란치스코처럼
배척할 것도 사랑 못 할 것도 없이
저 힘없고 가난한 예수님을 사랑하게 되면
나도 당당하고 크게 사랑할 수 있을까
가난이 자랑스러운 상장(賞狀)이 될 수 있을까
하지만 요란한 상장(賞狀)을 기대하는 건 아니네
그저 요란하게 쫓아가다 길을 잃을까 염려할 뿐이네.

달음질

문득 마음이 달음질칠 때
쫓아가는 것인지 쫓기는 것인지
힘이 부치게 달음질하게 될 때
숨 고르며 달릴 수 있으면 좋겠네
정말이지 달음질할 때
내가 달리는 것이면 좋겠네
몸이 마음에 쫓기지 않게
몸이 마음을 해치지 않게
살리기 위해 달려가는 것이면 좋겠네
봄 여름 가을 겨울 숲 속 생명들처럼
같이 달려가는 일이면 좋겠네
앞으로 나아가지 못해도
달릴수록 옆으로 뻗고 위로 자라며
스스로 튼튼해지는 나무처럼
달음질하는 일이
더욱 튼튼하게
제 자리를 지키는 일이면 좋겠네.

동짓날 아침

고난이 엎친 데 덮치듯
긴 밤에 매서운 추위가 찾아오는 것 같아도
긴 밤과 추위 중 하나는 반드시 어디선가
오다가 넘어져 먼저 힘을 잃는 게 맞다
그래서 언제 멈출지 모를 긴 밤이
오늘 멈칫하며 뒷걸음치기 시작했다
봐라, 여전히 주위는 어둡고
추위는 더 심해질 것 같아도
결국은 끝나기 시작한다
이 희망의 시간을 어찌 그냥 보내랴
어머니가 정성을 모아 아침을 열며
따뜻한 팥죽으로 응원하던 이 날을.

덮어주는 일

눈이 내린다
천천히 세상을 덮는다
텅 빈 산과 들
꽉 채워진 도시의 크고 작은 집들과
각자의 길을 정해놓은 바쁜 찻길과
예쁘게 꾸민 도시의 한적한 공원과
비좁은 공간만 허락된 산동네 골목길
움푹 파인 땅과 허물어져 가는 담벼락
거기 버려진 빈 과자 봉지도 덮는다
사소한 것 하나 놓치지 않고 다 덮는다
소박하거나 자랑스럽거나 부끄럽거나
너의 길이거나 나의 길이거나
살아온 세상을 덮으며 새 세상을 만나게 한다
힘없고 가난한 백성이 가장 잘하는 일도
그렇게 덮는 거였다
부끄러움도 자랑도 구분하지 않고 덮어주는 거였다
처음의 시작이 느리고 하찮고 부질없어 보여도
세상이 바뀔 때까지 덮는 일을 멈추지 않는 거였다
당장에 찾아올 일상의 불편을 요란하게 예고하며
그 새로운 세상을 꿈꾸지 못하게 하는 이는 누군가.

자신이 희망이 되는 입춘

진심으로 자신을 돌아보고
절실하게 제 길을 생각하고
정성으로 자신을 준비해서
감사하는 마음으로 기다리면
그 자리가 봄이 오는 길목
자신이 희망이 되는 입춘.

새벽 이슬비

예로부터 베풀어 오신
당신의 자비와 자애 기억하여
어제의 수고를 쉬게 하시고
조용히 새벽에 찾아오시다
지쳐 잠든 나를 찾아와
마음과 몸을 촉촉이 적시며
새 이파리 내는 힘을 주시다

작품해설

깊고 절실한 신앙심과 성 프란치스코의 영성

허형만

시인 · 목포대학교 명예교수

작품해설

깊고 절실한 신앙심과 성 프란치스코의 영성

허형만
시인 · 목포대학교 명예교수

> 울타리 넘어가며 피는 장미꽃이 예쁘다
> 넘어가는 발을 받쳐주는 울타리도 예쁘고
> 예쁘다고 그 꽃을 바라보는 사람도 예쁘다
> 그들을 바라보며 미소 짓는 사람도 예쁠 수밖에
> 거기엔 가시를 품은 꽃도 사람도 없다
>
> - 「예쁘다」 전문

1.

이광용 시인은 영문학자이자 번역가다. 또한 한국가톨릭문인협회 회원이면서 재속 프란치스코회 회원이다. 이광용 시인은 2007년 등단 후 시집 『다 당신 거예요』, 『꿈의 소리를 듣다』, 『사람이 그리운 날』을 출간하여 독자들의 많은 관심과 사랑을 받은 바 있다. 그동안 이광용 시인의 시세계에 대해 고계영(작은형제회) 신부는 육체적 오감으로 감각하는 진선미의 세계 안에 단순하게 머무르지 않는다. 그는 존재의 세계가 본질적으로 지니고 있는 형이상학적 세계 혹은 신비를 노래한다. 이 형이상학적 세계와 신비는 영적 감각과 날카로운 직관에 의해서 포착되기 때문에, 이 시인은 부단히 영적 감각 훈련에 애쓰면서 동시에 저 영적 세계를 제대로 꿰뚫어 보고자 구도적으로 성찰한다"고 평가했다.

그렇다면 이번 시집에서 이광용 시인의 시세계는 어떻게 변했을까? 한마디로 크게 변화를 겪은 부분은 없다고 볼 수 있다. 앞서 출간한 『사람이 그리운 날』에서처럼 시적 대상을 보는 시안(詩眼)이 깊고, 프란치스코회의 한 가족으로서 성 프란치스코의 믿음과 영성을 따르고자 하는 신앙심은 절실하며, 시심과 시정신 또한 단단하다. 그러기에 이 시집을 읽는 독자는 은혜로움을 체험할 터이니 하느님께 감사할 일이다.

2.

이광용 시인에게 자신의 삶은 절실함으로 이루어진다. 이 절실함은 삶의 밑바탕이면서 동시에 신앙의 기둥이 되기도 한다.

> 절실하게 구하면 얻는다고 하지만
> 절실하게 구해도 얻지 못할 때 많다
> 절실하게 사랑해도 거절당할 때 있고
> 절실하게 바라도 가지지 못할 때 있고
> 절실하게 노력해도 실패할 때 있다

> 아무리 절실해도 쉽게 외면당할 때 있어
> 밀려드는 허탈감에 익사하지 않기 위해
> 그 외면을 절실하게 무시해야 할 때 있다
> 포기하는 일도 구하는 일만큼
> 절실하게 해야 하는 거라면
> 살아내기 위해 절실하게 해야 하는 거라면
> 그 절실함을 절실하게 응원하고 싶어진다
> 포기하는 일도 구하는 일도
> 다 잘 살아내기 위한 거 아니냐
> 그렇지 않으냐.
>
> -「절실하게」 전문

절실하다는 말은 생각이나 느낌이 뼛속에 사무치도록 강렬함을 의미한다. 우리가 세상을 살아가면서, 혹은 기도를 하면서, 절실하게 원하고 간구할 때가 있다. 그럴 때 그 절실함 대로 이루어지지 않는 경우도 많다. 이광용 시인 역시 "절실하게 구하면 얻는다고 하지만 / 절실하게 구해도 얻지 못할 때 많"음을 안다. 그 예로 "절실하게 사랑해도 거절당할 때", "절실하게 바라도 가지지 못할 때", "절실하게 노력해도 실패할 때" 등이다. 마태오 복음서는 "청하여라, 너희에게 주실 것이다. 찾아라, 너희가 얻을 것이다. 문을 두드려라, 너희에게 열릴 것이다"라고 하신 말씀을 전해주고 있다. 그러나 절실함 대로 다 이루어지는 게 아니다. 그러기에 때로는 "포기하는 일도 구하는 일만큼 / 절실하게 해야 하는 거라면

/ 살아내기 위해 절실하게 해야 하는 거라면" 오히려 그 절실함을 응원하고 싶다고 말한다. 이 말이 역설적으로 들리기도 하고, 포기해야 할 때 포기할 줄도 알아야 한다고도 들린다. 두 발 전진하기 위해 한 발 물러설 줄도 알아야 하는 법, 그것이 오히려 패배나 절망이 아니라, "다 잘 살아내기 위한 거"라는 긍정의 정신이 한결 더 절실함을 응원하는 듯하다.

이 절실함은 산길을 가다 만난 돌탑을 보고 그 길을 가던 사람들이 돌 하나씩을 정성껏 올려놓기 시작하면서부터 이루어진 돌탑도 "아무것도 아닌 돌로 있다가 / 사소한 정성을 먼저 느끼며 / 낮게 엎드리는 돌의 정성에 / 마음을 모아 같이 살아나는 / 너와 나의 소망 / 모일수록 절실해지는 / 우리들의 소망"(「돌탑」)을 대신하는 것이라 믿는다. 또한 누군가의 의지와 꿈을 담은 하늘에 펄럭이는 깃발을 보고 "버려지면 그저 천 조각에 불과할 것이 / 절실한 염원과 버팀으로 모여 살아"(「깃발」)나고, 이 깃발과 깃대의 두 절실함이 만나 그들의 세상을 만들 듯 이광용 시인의 안에도 그런 깃발이 있고, 깃대가 되는 세상이 있다고 고백한다. 이 고백은 가을에 숲을 찾아가 "나의 그리움은 절실하였으나/ 숲의 그리움은 더욱 절실해서 / 이미 그리움을 다 쏟아놓"(「그리움을 놓는 그리움」)음으로써 절실함이 한층 더 깊어진다.

> 동안거(冬安居)를 끝낸 담쟁이가
> 멈췄던 수행을 다시 시작한다
> 그의 수행은
> 생명 없는 벽 혹은
> 길을 가로막아 선 절벽 같은 바위를
> 경전(經典)처럼 꼼꼼하게 읽으며 순례하는 것
> 생명을 배척한 것 같은 곳에서
> 생명의 책을 읽어내고
> 좌절을 만나는 곳에서
> 생명의 뿌리 내리며
> 바위와 벽을 걸어가는 수행을 한다
> 걸어가는 자리마다 파릇파릇 생명이 자란다
> 알아들을 자는 알아들으라는 듯
> 바위가 그냥 바위가 아니고
> 벽이 그냥 벽이 아니라고 쓴다.
>
> ─「생명의 서(書)」 전문

　절실함을 상징하는 생명체가 많지만, 이광용 시인은 특히 담쟁이의 삶에 애착을 갖는다. 시인에게 담쟁이는 단순한 식물이 아니다. 담쟁이는 생명체로서의 시적 존재로 저리할 때 비로소 "생명 없는 벽 혹은 / 길을 가로막아 선 절벽 같은 바위를 / 경전(經典)처럼 꼼꼼하게 읽으며 순례하는" 수행자로 존재한다. 담쟁이의 이 수행은 단순한 순례가 아니다. "생명을 배척한 것 같은 곳에서 / 생명의 책을 읽어내고 / 좌절을 만나는 곳에서 / 생명의 뿌리를 내리며 / 바위와 벽을 걸어가는 수행"이라는 점에서 담쟁이의 생명성은 더욱 가치가 있다. 담쟁이는 "바위가 그냥 바위가 아니고 / 벽이 그냥 벽이 아니라고" 씀으로써 마침내 이 깊은 수행의 뜻을 "알아들을 자는 알아들으라"고 일갈한다. 이는 마치 예수님이 군중에게 비유로 말씀(씨 뿌리는 사람 비유, 겨자씨 비유, 누룩의 비유)하시고서 "귀 있는 사람은 들어라" 하신 모습을 떠올리게 한다.

담쟁이의 생명성에 대한 작품은 또 있다. 「사명(使命)」이다. 앞의 「생명의 서(書)」에서처럼 이 시에서도 담쟁이는 "절벽 같은 세상이어도 / 생명을 키우지 못하는 / 무감각한 바위투성이 세상이어도 / 갈 수 있는 데까지 달려가"는 담쟁이의 생명력은 여전히 살아 숨 쉰다. 특이한 점은 이 담쟁이에게 "기쁜 소식을 전하라"는 사명이 있다는 거다. 이 사명만 생각하고 담쟁이는 달려가고 있다는 거다. "기쁜 소식을 전하라"는 사명은 "푸른 생명이 힘차게 세상을 덮"으리라는 기쁜 소식을 전하는 사명이다. 마치 안식일이 지나고 주간 첫날이 밝아올 무렵 마리아 막달레나와 다른 마리아가 무덤을 보러 갔는데 하늘에서 내려온 주님의 천사가 여인들에게 되살아나신 주님의 소식을 전하라고 이르니 "그 여자들은 두려워하면서도 크게 기뻐하며 서둘러 무덤을 떠나, 제자들에게 소식을 전하려 달려"가는 상황처럼 말이다. 여기에서 이광용 시인은 "내가 사랑하여 노래한다 / 세상을 바꾸는 그의 발걸음"이라고 환희의 노래를 부른다. 주님의 부활 소식 같은 기쁜 소식을 전하러 달려가는 여인들과 담쟁이의 사명은 이미 하나가 된 것이다.

3.
이광용 시인이 담쟁이의 생명성을 노래함은 곧 자연과의 교감에 다름 아니다. 한시에서 사물과 자아가 접속하는 정경론 중 정과 경 둘 사이의 선후를 구분할 수 없는 경지인 정경교융(情景交融), 물아위일(物我爲一)이 있다. 또한 인디언 위네바고족은 어떤 식으로든 서로 연결되지 않은 것이란 존재하지 않기 때문에 우리가 하는 행동은 우주 전체에 영향을 미친다고 믿는다. 따라서 시인에게 있어 자연과의 교감은 자연스러운 시적 사유이다.

> 산사(山寺)에 바람이 분다
> 정성으로 다스린 바람이 분다
> 바람이 처마 밑 풍경(風磬)을 건들고 간다
> 풍경소리가 공기를 흔들고
> 마음속 세상을 흔든다
> 정성으로 교감하는 소리
> 허공의 먼지를 털어내고
> 마음속 먼지를 털어내는 소리
> 저 소리가 땅의 귀도 두드렸는지
> 땅속에서도 바람이 분다
> 바람이 땅속 물줄기를 흔들고 간다

풍경소리가 흙을 흔든다
허공의 공기를 정화하듯
땅속 훑으며 흙을 정화시키는 소리
얼음을 깨며 생명을 만나는 소리
흙을 살리느라 흙을 품은 물
여전히 흙 속 공간을 흔들며
생명을 응원하는 소리
소리가 소리로 이어지다가
어디쯤에서 다시
정화된 흙에서 나오는 생명으로
다시 산사의 풍경소리를 만난다
반가움으로 교감하며 만난다
정성으로 다스린 바람 안에서
서로 새 세상 만난다
마음이 열린다.

-「산사(山寺) 풍경」 전문

    산사에서 "바람이 처마 밑 풍경을 건들고" 갈 때, "풍경 소리가 공기를 흔들고 / 마음속 세상을 흔든다". 이 순간, 화자는 풍경 소리에 의해 흔들리는 공기와 흔들리는 마음속 세상이 하나 됨을 감지한다. 이것이 곧 정경교융, 물아위일이다. 이와 같은 사물과 자아의 접속이란 측면에서 이 시를 깊이 음미해보면, 이광용 시인이 투시도법을 통해 우주의 순환과 공간적 거리를 오직 풍경 소리에만 집중시킨 사색의 결과임을 발견할 수 있다. 풍경 소리는 단순한 소리가 아니다. 그 소리는 "허공의 먼

작품해설 123

지를 털어내고 / 마음속 먼지를 털어내는 소리"이다. 이 풍경 소리는 이어 "땅의 귀를" 두드려 "땅속에서도 바람이 불"고, "바람이 땅속 물줄기를 흔들고", 흙을 흔들며 흙을 정화시키고, "얼음을 깨며 생명을 만나"고, "흙 속 공간을" 흔들고, 이렇게 "소리가 소리로" 이어진다. 그리곤 다시 "정화된 흙에서 나오는 생명으로 / 다시 산사의 풍경 소리"로 교감하며 만난다. 산사의 풍경 소리가 맨 처음의 울림 한 줄기로 이처럼 우주의 모든 생명과 교감하다가 다시 원 상태로 돌아오는 순환의 원리는 이광용 시인만의 특별한 상상의 이미지가 아닐 수 없다.

세계 안에서 존재하는 것들의 교감으로 산사의 풍경 소리가 "정성으로 다스린 바람 안에서 / 서로 새 세상을" 만나고, "마음이 열린다"는 감각적 본능의 촉수가 블랑쇼가 '쓴다는 것'의 정의를 사물을 환기하는 것이 아니라 사물의 부재를 환기하는 일이라 말한 것과 동일하게 이광용 시인의 내면에 작용했음을 알 수 있다. 또 다른 시 「오월」에서도 이와 비슷한 감각의 촉수를 느낀다. 오월이 갖는 색채와 시인 자아에서 생성된 색채가 하나라는 동일화 의식부터가 세계와 하나 됨을 의미한다. 동시에 "오로지 하나의 색깔로 / 한 곳으로 향해가는 것"이라 믿기에, "같은 생각 같은 방향으로 나아가는 / 오월은 아름다운 전체주의 / 서로 다른 마음들이 / 같이 푸른 세상을 만들어내는 / 오월은 아름다운 민주주의"라고 사유한다. 한마디로 이 세계 안에 존재하는 모든 생명체는 타자성이 아니라는 시적 존재의 사유라는 말이다. 그러기에 "내가 어떤 모습 / 어떤 마음이어도 / 여전히 예쁜 꽃의 얼굴로/ 나를 바라보며 / 고운 모습만 생각하게 하는 너 // 그래서 네가 꽃"(「그래서 네가 꽃이구나」)이라는 감성적 인식이 가능한 것이다. 그래서일까. 이번 시집에서 '꽃'과 '봄'의 시들이 다수 눈에 뜨인다.

연일 사방에 꽃이 피어
꽃이 피는 세상인 줄 알았더니
문득 지는 꽃들이 보인다
새로 피는 꽃들만 보다 보니
지는 꽃이 있다는 걸 생각 못했다

미안하구나

예쁜 것만 보느라
네게 눈을 주지 못했다
너도 한때 예쁘게 피어나던 꽃
새로 피어나는 꽃들 돋보이느라
말없이 네가 지고 있구나
내가 꽃 피워
사랑받느라 자랑일 때
조용히 잊혀지는 꽃들 있다는 듯
네가 지고 있구나

> 피는 꽃이 기쁨이고 희망의 꽃이면
> 지는 꽃은 성찰의 꽃
> 필 때도 꽃이고
> 질 때도 꽃인 것을
> 기쁨 뒤에 성찰이 없으면
> 그게 어디 온전한 기쁨이고 희망이랴
>
> 지는 꽃을 받아 내 마음에 심는다
> 지는 꽃이 자리를 바꿔 내 안에서 핀다.
>
> ─「지는 꽃」 전문

시인들이 꽃을 노래할 때 "예쁜 꽃", "새로 피어나는 꽃", "기쁨이고 희망의 꽃"을 대상으로 찬미하는 게 일반적이다. 그러나 이광용 시인은 지금 우리에게 "지는 꽃"을 다시금 보라고 이른다. "연일 사방에 꽃이 피어 / 꽃이 피는 세상인 줄 알았"다가, 어느 날 "문득 지는 꽃"이 보이기 시작하면서 시인의 꽃에 대한 생각이 바뀐다. 관념적이고 통상적인 꽃에 관한 인식이 바뀐 거다. 시인은 말한다. "새로 피는 꽃들만 보다 보니 / 지는 꽃이 있다는 걸 생각 못했다 / 예쁜 것만 보느라 / 네게 눈을 주지 못했다"라고. 그래서 지는 꽃에게 그동안 무심하고 관심을 주지 못해 "미안하다"고 용서를 구한다.

최근 전북도민일보는 농촌진흥청과 (사)인간식물환경학회가 '식물 존엄성 선언문'을 발표했다고 보도했다. 그 선언문은 "식물은 생태계의 존속과 유지에 중요한 기능을 수행하며, 인간과 동물의 생존에 필수적인 살아있는 생명체로서 생명의 존엄성을 갖는다"로 요약된다. 이광용 시인은 이미 식물(여기에서는 "꽃")의 생명체로서의 생명의 존엄성을 인식하고 있었다. 그 증거가 "피는 꽃이 기쁨이고 희망의 꽃이면 / 지는 꽃은 성찰의 꽃 / 필 때도 꽃이고 / 질 때도 꽃인 것을 / 기쁨 뒤에 성찰이 없으면 / 그게 어디 온전한 기쁨이고 희망이랴"이다. 그래서 시인은 "지는 꽃을 받아 내 마음에 심는다 / 지는 꽃이 자리를 바꿔 내 안에서 핀다"는 사물과 자아와의 동일성을 드러내면서 지는 꽃의 생명성을 강조한다.

꽃의 생명성과 존엄성은 이광용 시인의 작품 곳곳에 자리한다. 여름이 다 지난 늦가을, 철조망 울타리 주변에 피어 있는 나팔꽃을 발견한 시인은 "가난한 공간이 부유해졌다 / 나도 같이 부유해진다 / 네 삶과 내 삶이 같이 연결된 세상을 만난다 / 네가 받은 은총이 곱고 / 네가 나누는 은총이 감사하다"(「나팔꽃의 은총」)고 찬미한다. 또한 들판에 핀 들꽃을 보며 "저 들꽃이 어디 / 누구 눈치를 보며 피었겠으랴 / 그저 쓸쓸해지는 들판을 / 위로해주고 싶었을 뿐"(「고백」)이라고 들꽃의 마음을 의인화함으로서 들꽃이 품고 있는 생명성을 강조하기도 한다. 그런가 하면, "사랑받는 꽃이 아니어서 / 아무리 보잘것없는 꽃도 / 꽃 옆에 있는 꽃 아닌 풀도 / 다 같이 보여줄 수 있어서"(「꽃병의 연가」) 참 다행이라는 꽃병의 꽃과 풀에 대한 사랑의 마음을 전하기도

한다. 이광용 시인이 이처럼 꽃에 관한 시의 생명성을 노래하노라니 자연 계절적으로는 봄에 관한 시도 많다.

> 내 봄은 언제였냐고 물을 거 없다 얘야
> 찾아왔다가 가버린 봄이 뭐가 중요하랴
> 내 봄은 늘 너의 봄이 오는 때였다
> 네가 꽃을 피우는 날이 늘 내 봄이고
> 그 봄을 기다리는 때도 다 내 봄이었다
> 네가 꽃을 피우기 전부터 난 봄 속에 있었고
> 내가 그 꽃의 배경으로 남아 있을 뿐이어도
> 네 꽃이 다른 꽃들과 어울려
> 더 아름다운 봄을 만드는 걸 볼 때면
> 내 봄이 한창때를 달려가는 기분이었다
> 같이 있기만 해도
> 늘 봄나들이 가는 기분이었다 얘야.
> ―「어머니의 봄」 전문

어머니가 아들에게 전하는 형식의 이 시에서 봄은 계절의 의미와 아들의 봄이 묘하게 어울리며 진정한 봄의 의미를 깨닫게 한다. 어머니는 이제 나이가 들어 계절로 치면 "찾아왔다가 가버린 봄"에 해당한다. 그러나 대비와 대립 자체가 또 하나의 통일을 이루는 대조의 수사적 기법으로 "내"(어머니), "네"(아들)의 봄이 전혀 다르지 않게 인식된다. "내 봄은 늘 너의 봄이 오는 때", 네가 꽃을 피우는 날이 늘 "내 봄", (너와 내가) "같이 있기만 해도 / 늘 봄나들이 가는 기분"과 같은 어머니의 봄은 이제 계절적인 봄이 아니라 아들이 잘 자랄 때, 행복해할 때, 그리고 아들의 삶이 "아름다운 봄"을 만들 때 모두 어머니와 아들의 봄은 구분되지 않는다. 바로 이것이 진정한 모성애임을 우리는 알 수 있다.

한편, 어머니의 입장에서 느끼는 아들의 봄만이 아니라 아들의 입장에서 어머니를 향한 봄도 있다. 구멍 난 양말을 보며 어린 시절 어머니가 기워주던 양말이 생각나면서부터 이어지는 "나의 봄날을 걱정하는 어머니 (…) 어머니가 염려했던 봄날 (…) 나의 봄날만 생각하며 / 송송 구멍 난 세상을 걸어가던 / 어머니의 봄날"(「양말」)을 직접 챙기고자 하는 시인의 마음은 우리의 가슴을 뭉클하게 한다. 그것도 "사랑으로 귀 기울이면 / 너도 나도 봄이 되는 거"(「봄이 되다」)였고, 입춘에 "진심으로 자신을 돌아보고 / 절실하게 제 길을 생각하고 / 정성으로 자신을 준비해서 / 감사하는 마음으로 기다리면 / 그 자리가 봄이 오는 길목"(「자신이 희망이 되는 입춘」)이라는 내적 자아의 성찰과 함께.

4.

그러면 이광용 시인에게 성찰의 힘은 어디서 오는가? 우선 "짓밟으며 많이 챙기는 길만 꿈꾸는 자는 / 차마 가지 못할 길 / 튼튼하게 자라는 일이 / 누군가의 길이 되고 집이 되고 / 양식이 되는 길을 만드는 / 그 마음이 허공에 길을 낸다 / 그 마음이 사랑을 부르고 / 다른 세상을 만나게 한다"(「허공에 길을 내다」)고, 나무가 가지를 뻗으며 허공에 길을 낸다는 나무의 존재 가치를 사색하는 그 순간에 온다. 여기에서 나무는 단순한 날존재가 아니라 우주 질서 속의 한 구성원으로서의 가치를 품고 있는 형이상학적 존재이다. 이러한 존재의 성찰은 이광용 시인을 신앙의 성찰로 인도한다.

> 우리는 우리가 보고 싶은 예수님이 오시기를 기다리는데
> 예수님은 보여주고 싶은 모습으로 우리를 찾아오시겠지요
> 우리는 우리가 만나고 싶은 곳에서 예수님을 기다리지만
> 예수님은 당신이 만나고 싶은 곳에서 우리를 기다리시겠지요
> 언제 어떤 모습으로 오실지 아무도 모른다지만
> 절실한 우리가 먼저 예수님의 마음을 잘 헤아리겠지요
> 우리의 절실한 마음이 먼저 예수님을 잘 알아보겠지요
> 우리가 예수님과 마음이 잘 통하는 연인이었으면 좋겠어요.
> - 「대림 시기에는」 전문

대림 시기는 "우리가 보고 싶은 예수님이 오시기를 기다리는" 시기이다. 이 대림 시기에 시인은 예수님이 "보여주고 싶은 모습으로 우리를 찾아오시"리라 믿는다. 예수님이 오시는 건 확실한데, 그래서 "우리가 만나고 싶은 곳에서 예수님을 기다리지만", 그러나 "예수님은 당신이 만나고 싶은 곳에서 우리를 기다리"실 거라 생각하면 "언제 어떻게 오실지 아무도 모른다". 그래서 시인

은 다짐한다. 먼저 예수님이 오시길 기다리는 "절실한 우리가 먼저 예수님의 마음을 잘 헤아"려야 된다는 것, 다음으로 "우리의 절실한 마음이 먼저 예수님을 잘 알아"봐야 한다는 것, 그리고 "우리가 예수님과 마음이 잘 통하는 연인"이어야 한다는 것이다. 이 대림 시기를 맞이하는 시인의 자세가 얼마나 절실한가. 이는 마태오 복음서에서 열 처녀가 등불을 들고 신랑이 오시길 기다리는 비유와 같다. 마태오 복음서는 말한다. "그러니 깨어 있어라. 너희가 그날과 그 시간을 모르기 때문이다.", "깨어 있어라. 너희 주인이 어느 날에 올지 모르기 때문이다.", "그러니 너희도 준비하고 있어라. 너희가 생각하지도 않은 때에 사람의 아들이 올 것이기 때문이다."라고. 이광용 시인이 이 시에서 스스로 성찰한 믿음의 정신은 곧 '대림 시기에는 깨어 있어라'로 압축될 수 있다.

신앙인에게 신앙적 성찰은 홀로의 묵상 속에서 이루어진다. 시인이 잡초와 잡목이 우거진 숲길을 가면서 찔레 가시며 날카로운 엉겅퀴 잎사귀들에 할퀴고 찔리는 아픔을 겪는다. 순간 시인은 자신을 할퀴고 찌르는 대상을 '가라지'로 비유하면서 저 가라지들을 없애야 가는 길이 편해질 거라며 저들을 다 베고 밟아 뭉개 버려야지 하고 생각한다. 바로 이 생각 자체가 시인에게는 적개심과 미움과 분심으로 작용한다. 이때, 시인은 "갑자기 내 마음 밭에 가시 달린 가라지가 쑥쑥 자란다 / 부드러운 풀이며 꽃들이 어우러진 땅을 가겠다더니 / 내 마음이 가시 무성한 가라지밭이 된다 / 나를 찾아오는 사람들이 참 힘들겠다"(「가라지」)고 자신을 성찰한다. 사랑과 평화의 마음 밭이 아닌 미움과 분심으로 변한 스스로에 시인은 얼마나 가슴 아프겠는가.

이와 같은 시인의 신앙적 성찰의 변주는 다양하다. 살면서 오래 가는 좋은 기분이나 더 오래 가는 나쁜 기분 둘 다 "이제 보니 / 다 내가 불러내고 / 내가 벗하는 거 / 내가 붙잡는 거"(「벗」)여서 시인 스스로가 나쁜 벗이었음을 자각한다든지, "외로움이 찾아올 때는 나의 외로움만 아니라 / 같이 벗해주어야 할 다른 외로움도 / 찾아보아야 할 때라는 걸 알게 되었"(「외로움의 눈」)다든지, "그를 위해 기도한다면서 / 나의 기도가 화가 되고 비난이 되어버렸어요 / 아, 그를 위해 나를 비우는 줄 알았더니 / 내 감정과 욕심으로 꽉꽉 채우고 있었어요 / 하느님을 불러놓고 못을 박아 / 꼼짝 못하게 가둬놓고 있어요"(「반성」)처럼 고해성사에 이르기까지 시인의 성찰의 폭은 넓고 깊다.

5.

이광용 시인은 서두에서 밝혔듯 재속 프란치스코 회원이다. 프란치스코회 내 작은형제회의 고계영 신부는 이광용 시인의 시집 『사람이 그리운 날』(도서출판 천우, 2016) 해설 중 시 「포도」를 언급하면서 이광용 시인에 대해 다음과 같이 소개하고 있다.

이광용 시인은 가톨릭 신자일 뿐만 아니라 아씨시 프란치스코 성인의 영성을 따르며 살아가는 재속 프란치스코 회원이다. 사실 그는 열심한 재속 프란치스코의 회원으로서 프란치스코 성인의 심오한 영성을 이 작품에서 노래하고 있다. 프란치스코 성인은 회개 초기에 나병환자를 입 맞추고 포옹하면서 쓴맛이 단맛으로 변하는 신비체험을 하고 이 체험을 계기로 일생동안 신비적인 감미로움을 추구하는 영적 미식가가 된다. 「포도」에는 그러한 프란치스코의 신비적 관점이 메아리처럼 울리고 있다.

이번 시집에도 아씨시 프란치스코 성인에 관한 작품들이 있다. 고계영 신부가 인용한 시 「포도」와 같은 이미지로 "역겨워하던 것이 단맛으로 변하고 있는 것일까 / 내가 싫어하던 세상이 비로소 / 부드럽게 내 세상에 들어오고 있다"(「귀가 멀어지면서」)와 같은 시인 자신의 삶의 변화나 "내려갈수록 우리를 사랑하여 / 사람이 된 예수가 보이고 / 그를 사랑하여 작은 예수가 된 / 프란치스코 성인이 보이"(「공부」)는 신앙의 눈은 모두 성 프란치스코의 영성이다.

우골리노가 쓴 『성 프란치스코의 작은 꽃들』에 따르면 나무와 동물들에게 많은 기적을 행한 아씨시의 프란치스코 성인이 어느 날 암퇘지의 주름진 이마에 손을 얹고 축복을 내리자 암퇘지는 흙 묻은 주둥이와 지저분한 몸통, 둥글게 말린 꼬리에 이르기까지 자신의 육중한 몸을 기억해 냈다. 자신의 길고 완벽한 사랑스러움을.

이 신비를 바탕으로 미국 시인 콜웨이 키넬이 「성 프란치스코와 암퇘지」라는 시를 썼다. 이렇듯 이광용 시인도 성프란치스코의 영성 안에서 사색의 깊이를 더해 가고 있다.

> 혈기 왕성한 나이, 프란치스코
> 힘센 하느님에게 끌린 게 아니네
> 세상의 방식으로 이기는 승리를 내던지고
> 세상의 방식으로 지는 방식을 선택하여
> 사랑을 지킨 예수님의 고통과 수난을 생각하다가
> 그만 불쌍한 예수님을 사랑하게 되어버렸네
> 예수님이 지킨 사랑을 살려내려 애쓰다 보니
> 그분이 그의 심장이 되어버렸네
> 제 심장은 가난하고 보잘것없어 보였지만
> 그분 심장의 피를 받아 사는 눈엔
> 무엇이든 과분하고 감사해 보였네, 그래서
> 작고 보잘것없는 것들에 눈이 먼저 가고
> 가난한 것들에 마음이 먼저 가서
> 작고 보잘것없음이 크고 귀하게 다가왔네
> 역겨웠던 나병환자를 껴안고 보니
> 역겨움이 달콤하게 변했다는 프란치스코처럼
> 배척할 것도 사랑 못 할 것도 없이
> 저 힘없고 가난한 예수님을 사랑하게 되면
> 나도 당당하고 크게 사랑할 수 있을까
> 가난이 자랑스러운 상장(賞狀)이 될 수 있을까
> 하지만 요란한 상장(賞狀)을 기대하는 건 아니네
> 그저 요란하게 좇아가다 길을 잃을까 염려할 뿐이네.

- 「프란치스코의 회개를 생각하며」 전문

  예수님은 "반대하는 자들을 만나야 하는 / 치욕을 견디야 하는 / 두려움을 지워야 하는 / 십자가에 못 박히고 / 고통으로 울컥울컥 눈물이 쏟아지는 / 그래도 살아 있는지 보자 / 궁금한 창에 푸욱 찔리는 / 시험을 참아야 하는 / 참으며 다시 비워내야 하는"(「성전(聖殿) 밖 성전」) 분이셨다. 그래서 프란치스코 성인은 "세상의 방식으로 이기는 승리를 내던지고 / 세상의 방식으로 지는 방식을 선택하여 / 사랑을 지킨 예수님의 고통과 수난을 생각하다가 / 그만 불쌍한 예수님을 사랑하게" 되었다. 그리고 "예수님이 지킨 사랑을 살려내려 애쓰다 보니" 예수님이 프란치스코 성인의 심장이 되어버렸다. "작고 보잘것없는 것들에 눈이 먼저 가고 / 가난한 것들에 마음이 먼저 가서 / 작고 보잘것없음이 크고 귀하게 다가왔"고, "역겨웠던 나병환자를 껴안고 보니 / 역겨움이 달콤하게 변했다"는 프란치스코 성인을 시인은 "힘 없고 가난한 예수님"이라 부르며 자신도 성인처럼 "당당하고 크게 사랑할 수 있을까" 염려한다. 이 염려는 곧 그리할 수 있기를 바라는 희망이자 그리할 수 있다는 다짐을 내포하고 있다. 왜냐하면 "작은 것들에서 희망을 보게 한 그분의 뜻을 알아 / 프란치스코 성인도 작은 자가 되어 희망이 되었"(「성 프란치스코 - 작음에 대하여」)기 때문이다.

이광용 시집

절실하게

초판발행일 2023년 09월 10일

지은이 : 이광용
발행인 : 김순진
편집장 : 전하라
디자인 : 김초롱
펴낸곳 : 도서출판 문학공원
등 록 : 2004년 3월 9일 제6-706호
주 소 : 우편번호 03382 서울 은평구 통일로 633
         녹번오피스텔 501호 스토리문학사
전 화 : 02-2234-1666
팩 스 : 02-2236-1666
홈페이지 : https://blog.naver.com/ksj5562
이메일 : 4615562@hanmail.net

2023 @ 이광용